KB074466

단어 ✓
영어 파먹기
Good, have

손영숙 지음

창조와 지식
CREATION & KNOWLEDGE

프롤로그

구슬이 서 말이라도 꿰어야 보배! 단어 따로, 문법 따로, 표현 따로가 아니라 이것들을 잘 연결하면 자연스러운 영어표현을 구사할 수 있다. 중학교 2학년 정도의 문법과 어휘를 알고 있는 모든 분들을 위한 책이다.

수원대학교 응용통계학 학사와 산업공학 석사를 딴 후, 독학으로 영어회화를 익혀 강사로 뛰며 30대의 대부분을 보냈다. 30대 후반에 영어 학위의 필요성을 체감하고 이왕 할 거 세게 가자는 결심으로 본업을 접고 통번역 대학원 입시 공부를 시작했다. 3년간의 피나는 전업 수험생 생활 후, 서울외국어대학원대학교 통역번역대학원 한영과에 입학하여 우여곡절 끝에 번역 석사를 땄다. 이런 과정에서 영어에 대한 접근법을 늘 고민했고, 우리말과의 차이점을 파악하려 노력했다.

결론은 직역과 의역을 구분해야 한다는 것이다. 이 부분을 극복하면, 기존에 알고 있는 단어를 활용하여 많은 표현을 구사할 수 있다. 물론 잊고 있었거나 생각하지 못했던 문법의 연결고리 상기가 또한 중요하다.

이 책에 있는 모든 영어 표현을 감수해 준 타이론, 초반 작업에 도움을 준 원 예닮, 원 예봄, 손 명균, 그리고 맥시 영재에게 고마운 마음이다. 또한, 이 책을 쓰도록 동기를 부여해 준 지금까지의 학생들, 특히 주부반 학생들과 최종 편집을 조언해 준 박 근영 씨에게 감사한 마음을 전하고 싶다.

CONTENTS

01 이 책의 목표

1) 'Are you~?'문형과 'Do you~?'문형을 이해하고 시제에 맞게 제대로 묻고 답할 수 있다.

2) 단어 vs 단어가 아닌 의미 vs 의미를 고민하며 good과 have를 활용한 표현들을 익히자.

02 Are you VS. Do you

질문을 제대로 하는 것이 중요하다. 상대방이 질문을 하면, 열심히 듣고 간단하게 단어 하나 정도로도 대답할 수 있지만 단어 하나만을 사용하여 질문을 하면 뜻이 통하지 않거나, 스타일도 구겨질 수 있다.

1) Are you~?

결론이 되는 부분이 형용사라면 Are you 형용사?라고 물어본다. 가령, '바쁘세요?'를 영어로 옮길 때, busy라는 단어를 쉽게 떠올릴 수 있다. busy는 형용사이므로 Are you busy?라고 한다. 알고 있겠지만 묻고 답하는 형식을 다시 짚고 가보자.

영어 표현	우리말
Are you busy?	바쁘세요?
You are busy.	당신은 바빠요.
You are not busy.	당신은 바쁘지 않아요.

*조동사도 be동사와 같은 형식으로 묻고 대답하게 된다.

2) Do you~?

'영어를 공부하나요?'를 영어로 옮길 때, study는 일반동사 이므로 Do you study English?라고 한다. 일반동사는 조동사 do의 도움이 필요하다.

영어 표현	우리말
Do you study English?	영어를 공부하나요?
You study English.	당신은 영어를 공부해요.
You don't study English.	당신은 영어를 공부하지 않아요.

*우리말에서는 You(당신, 너)라는 주어는 생략되는 경우가 허다하지만 영어에서는 꼭 사용해야 한다.

이제 영어로 말을 할 때, 무턱대고 I'm이라고 시작하지 맙시다. 기존에 알고 있는 단어가 형용사인지 아니면 일반동사인지만 구분해도 짧은 문장은 자신 있게 영어로 물어볼 수 있다.

03 부정문의 활용과 의미 vs. 의미

'오늘은 거리가 한가해서 운전하기 편했다'를 영어로 옮겨 보면 다음과 같이 할 수 있다.

There were not many cars on the road today, so it was easy to drive.

1) 의미 vs. 의미 - '한가하다'라는 단어가 영어로 무엇인지 고민하고 있다면, 당장 멈추고 의미를 생각해야 한다. 도로가 '한가하다'는 말은 결국 도로에 차가 조금 있다는 의미가 된다.

2) 부정문의 활용 - 영어에서 '차가 조금 있다'를 표현하는 것은 우리말보다 까다롭다. a few, a little, several 중에서 골라야 하는 데, 딱 떠오르지 않을 것이다. 게다가 a few(두어개)와 several(대여섯개)은 뜻하는 개수가 다르고, a little은 셀 수 있는 명사인 car와 사용할 수 없다. 반면, not many는 비교적 쉽게 떠올릴 수 있다.

우리말을 영어로 옮길 때, 단어에서 단어로만 생각하면 결국 몇 문장 만들다가 포기하기 쉽다. 하지만, 의미에서 의미로 생각하면 내가 이미 알고 있는 단어로 많은 표현을 할 수 있다. 여기에, 부정문도 잘 활용하면 더할 나위 없을 것이다.

04 문장 늘리기

주어진 표현을 그냥 반복하면 재미도 없고, 활용성도 떨어진다. 주어진 표현에 나의 이야기를 입혀보자. 위에 주어진 두 문장을 사용하여 다음과 같이 문장을 늘려보자.

	I'm busy.	**I study English.**
부사(구)	I'm always busy. 난 항상 바쁘다.	I studied English last year. 작년에 영어를 배웠다.
전치사구	I'm busy on Mondays. 월요일마다 바쁘다.	I study English at school. 학교에서 영어를 배운다.
to부정사 /동사ing	I'm busy studying English. 영어를 공부하느라 바쁘다.	I study English to write better emails. 이메일을 더 잘 쓰기 위해 영어를 배운다.
접속사	I'm busy because I have two jobs. 직업이 두 개라서 바쁘다.	I study English because it's important for my job. 내 일에 중요하기 때문에 영어를 배운다.

앞으로 나오는 표현을 위와 같은 방식으로 나와 주변인을 넣어 실제로 존재하는 사실이나 상황으로 만들어 외우면 재미도 있고 쉽게 기억을 할 수 있지 않을까요?

05·1 good

일상 생활에서 원어민들은 결코 어려운 단어를 사용하지 않는다. 새로운 단어를 외우기보다는 이미 잘 알고 있는 단어를 이용해서 할 수 있는 표현을 최대한 많이 익히는 전략을 취해보자. 그런 표현들 이야말로 그들이 늘 사용하는 자연스러운 표현일 것이다.

형용사 good뿐 아니라 비교급과 최상급인 better와 best를 활용한 표현 중 실생활에서 가장 흔하게 사용할 수 있는 표현들을 추려보았다. 이 단어들은 Are you~? 문형에 사용되는 경우가 많다. 원래 뜻인 '좋은'을 염두에 두고 의미 vs 의미를 생각하면 표현을 외우기가 좀 쉬워질 것이다.

1. I'm not good at cooking. 요리를 못한다[요리에 서툴다, 요리에 자신이 없다].

전치사 at 뒤에는 명사나 동명사가 온다는 것을 명심하면서 다음의 예문을 익히자.

영어 표현	우리말
I'm not good at cooking, so I usually order in.	난 요리를 못해서 주로 음식을 주문해서 먹는다.
I'm not good at cooking, and I like to eat out.	난 요리에 서툴고 외식하는 것을 좋아한다.
I'm good at cooking, and I often have my friends over for dinner.	난 요리를 잘해서 종종 친구들을 초대해서 저녁을 대접한다.

응용 예문도 익히자.

영어 표현	우리말
I'm not good at English.	난 영어를 잘 하지 못한다.
I'm good at singing.	난 노래를 잘 한다/노래에 자신 있다.
Are you good at persuading people?	사람들을 잘 설득하나요?
She's good at chess.	그녀는 체스를 잘 둔다.
What are you good at?	잘 하는 것이 무엇인가요/자신 있게 할 수 있는 것이 무엇인가요?

하나의 영어 문장을 의미가 통하는 여러가지 우리말로 표현할 수 있음을 다시 한번 상기하며 다음의 예제를 풀어보자.

예제 풀기

1) 요리를 잘 하세요?

2) 난 숫자에 좀 약하다.

3) 전 피아노를 잘 쳐요.

Are you good at cooking?

I'm not good with numbers.

I'm good at playing the piano.

2. This is good for you. 이건 당신에게 좋은 거예요.

'당신에게 좋은 것'이라는 의미는 건강일 수도 있고 그 외의 것일 수도 있다.

영어 표현	우리말
This is good for you in many ways.	그것은 여러가지 면에서 당신에게 좋다.
I know it's not easy but this is good for you.	힘들다는 것은 알지만 당신에게 좋은 거예요.

응용 예문도 익히자.

영어 표현	우리말
Vegetables are good for you.	야채는 당신의 건강에 좋다.
Too much sun isn't good for you.	햇볕을 너무 많이 쬐면 좋지 않다.

부사 too를 삽입하거나 '주어+동사' 없이, 다음과 같은 의미도 전달할 수 있다.

영어 표현	우리말
You are too good for him.	당신은 그에게 너무 과분하다./당신이 아깝다.
Good for you!	잘했어요! 축하해요! 잘됐어요!

예제 풀기

1) 이것이 나에게 좋을까요?

2) 그건 당신에게 좋을 게 하나도 없어요.

Is it good for me?

It's not good for you at all.

3. It's good to be home. 집에 오니깐 좋다.

힘든 하루를 보내고 또는 지옥철이나 만원 버스에 시달리고 나서 도착한 집은 천국과도 같다.

영어 표현	우리말
It's good to be home. It was a long day.	집에 와서 좋아요. 힘든 하루였어요.
It's raining hard. It's good to be home.	비가 많이 내리고 있어요. 집에 오니 좋네요.

응용 예문도 익히자.

영어 표현	우리말
It's good to be back.	돌아와서 좋다.
It's good to be back home.	집에 돌아와서 좋다.
It's good to talk.	얘기를 하니깐 좋다.
It's good to have her in your corner.	그녀가 도와준다니 다행이다.
It's good to hear from you.	소식들 듣게 되어 기쁘다/너에게서 연락이 와서 좋다.

예제 풀기

1) 집에 돌아오니깐 좋으세요?

Is it good to be back home?

10

4. It's a good place to live. 살기에 좋은 곳이다.

영어 표현	우리말
It's a good place to live. I like my new neighborhood.	살기에 좋은 곳이다. 새로 이사 온 동네가 마음에 든다.
It's a good place to live. It's really safe.	살기에 좋은 곳이다. 정말 안전하다.

응용 예문도 익히자.

영어 표현	우리말
It's a good place to raise kids.	아이들 키우기에 좋은 곳이다.
It's a good time to buy a house.	집을 사기에 좋은 때다.
It's a good thing to do.	그것을 하는 것은 상식적인[현명한] 일이다.
It's a good idea to go back.	돌아가는 것은 좋은 생각이다.

예제 풀기

1) 살기에 좋은 곳인가요?

2) 그것을 하는 것은 비상식적이다.

Is it a good place to live?

It's not a good thing to do.

5. Good boy[girl]! 착하지, 잘했어요.

시키는 대로 한 아이나 애완 동물을 보고 할 수 있는 표현이다.

영어 표현	우리말
Did you finish the meal? That's a good girl.	밥 다 먹었니? 야유 착하지.
You did your homework! Good boy!	숙제를 다 했구나! 잘했어요!

보통 출장이나 여행을 떠나면서 또는 그 밖의 이유로 헤어지면서 아이나 어른 모두에게 다음과 같이 말할 수 있다.

영어 표현	우리말
Be a good boy[girl].	아이에게 사용한 경우-> 부모님이나 선생님의 말을 잘 듣고 말썽 부리지 말아라. 어른에게 사용한 경우-> 정도에 벗어나는 행위, 즉 술, 마약 등등을 하지 말고 조신하게 있어라.

예제 풀기

1) 어렸을 때 엄마의 말을 잘 들었나요?

Were you a good boy as a kid?

6. Good job! 훌륭해요[잘했어요]!

영어 표현	우리말
Good job, everyone! You're the best.	모두들 수고했어요! 여러분이 최고입니다.
You did a good job today.	오늘 아주 잘 했어요.

job대신에 다른 단어들을 대입하여 여러 의미들을 나타낼 수 있다. 여전히 good을 '좋은'으로 해석하면 이해가 충분히 되어 외우기가 쉬워진다. 다음의 응용 예문도 익히자.

영어 표현	우리말
That's a good point.	좋은[합당한] 지적이다.
I got some good rest.	푹 쉬었다.
Sometimes you feel better after a good cry.	때로는 한바탕 실컷 울고 나면 기분이 나아진다.
She's a good Christian.	그녀는 독실[신실]한 교인이다[그녀는 믿음이 좋다].
He is a very good man.	그는 아주 좋은[선량한] 사람이다.
I had a good time.	즐거운[좋은] 시간을 보냈다.
You are good parents!	좋은 부모시군요!

예제 풀기

1) 푹 쉬었나요?

2) 신앙심이 깊으신가요?

3) 즐거우셨나요?

Did you get some good rest?

Are you a good Christian?

Did you have a good time?

7. 기타 표현

영어 표현	우리말
for good 영원히	영원히
Thank goodness	다행이다[고맙다]
feel good	컨디션이 좋다
good-looking	잘 생긴, 보기 좋은
goods	상품, 제품

실제 활용 예문을 익히자.

영어 표현	우리말
This time she's leaving for good.	이번에는 그녀가 영원히 떠난다.
Thank goodness that's over!	그게 다 끝나서 정말 좋아요!
I feel very good today.	오늘 컨디션이(몸 상태가) 좋다.
They are good looking.	그들은 잘 생겼다[멋지다].
I try not to buy expensive goods.	비싼 제품은 안 사려고 한다.

예제 풀기

1) 오늘은 몸이 좀 안 좋다.

I don't feel good today.

05·2 better

good과 well의 비교급인 better는 다른 단어의 비교급에 비해 상당히 자주 사용된다. good과 well이 자주 사용되니, 그리 놀라운 일은 아니다. better에서 가장 흔하게 사용할 수 있는 표현들을 살펴보자.

1. I'm getting better. 전 나아지고 있어요.

나아지고 있는 것이 몸 상태일 수도 있고, 기분일 수도 있고, 능력일 수도 있다. 다음의 예문을 익히자.

영어 표현	우리말
I'm getting better. I'll be able to go to work tomorrow.	(몸이) 나아지고 있어요. 내일은 출근할 수 있을 거예요.
I'm getting better. It's time to move on!	(기분이) 나아지고 있어요. 이제 그만 정리하고 잊어야지요!
I've been studying English for 3 years, and I'm getting better.	영어를 3년째 공부하고 있고 이제 나아지고 있다.

응용 예문도 익히자. better대신, better and better를 넣으면, '점점 잘'의 뜻이 된다.

영어 표현	우리말
His leg was getting better.	그의 다리가 점점 더 좋아지고 있었다.
My headache is getting better.	내 두통이 더 좋아지고 있다.
Her work is getting better and better.	그녀의 업무가 점점 나아지고 있다.

예제 풀기

1) 좀 나아지고 있나요?

2) 두통이 좀 나아지고 있나요?

3) 그녀의 업무가 나아지고 있지를 않다.

Are you getting better?

Is your headache getting better?

Her work isn't getting better.

2. Hopefully, things will be better soon. 상황이 곧 나아지길 바래요.

공부를 하면서 지치고 힘들 때마다, 이 말과 비슷한 문장을 크게 내뱉으며 힘을 냈던 기억이 난다. Everything's going to be ok! '모든 게 잘 될 거다.' 파이팅합시다!

영어 표현	우리말
People are suffering because of the new virus. Hopefully, things will be better soon!	신종 바이러스로 사람들이 고통받고 있다. 상황이 빨리 나아지길 바란다.
I heard the economy is bad. Hopefully, things will be better soon.	경제가 나쁘다고 들었다. 상황이 빨리 나아졌으면 한다.

응용 예문도 익히자.

영어 표현	우리말
Hopefully, the weather will be better soon.	날씨가 빨리 나아졌으면 해요.
That will be better.	그게 낫겠어요.

3. Hopefully, you will feel better soon. 빨리 낫길[나아지길] 바래요.

사람을 주어로 할 때는 be보다는 feel을 사용하는 것이 바람직하다. '몸 상태나 기분이 전보다 좋다'는 의미이다.

영어 표현	우리말
I'm sorry to hear you don't feel good. Hopefully, you'll feel better soon.	몸이 안 좋다니 안됐어요. 빨리 낫길 바래요.
I'm sorry you can't make it. Hopefully, you will feel better soon.	못 온다니 아쉽네요. 빨리 나아지길 바래요.

응용 예문도 익히자.

영어 표현	우리말
Sometimes you feel better after a good cry.	때로는 한바탕 실컷 울고 나면 기분이 나아진다.
You'll feel better after a good night's sleep.	한숨 푹 자고 나면 나아질 거예요.

예제 풀기

1) (당신은) 좀 나아졌나요?

Do you feel better?

4. You deserve better. 당신은 더 나은 대우를 받을 자격이 있어요.

오래전 당시 남자친구 때문에 고민하고 있을 때, 캐나다에서 온 친구가 해준 조언이었다. 시끄러운 술집이었지만 귀에 비수처럼 꽂혔고, 지금까지도 기억에 남는 조언이다. 이 표현은 여러 상황에서 사용이 가능하다. 다음의 예문을 익히자.

영어 표현	우리말
Your boyfriend hasn't treated you well. Move on! You deserve better.	남자친구가 당신한테 잘해준 적이 없어요. 이제 그는 잊어요. 당신은 더 사랑받을 자격이 있어요.
This isn't what I signed on for. I deserve better.	이런 거 하려고 이 회사에 들어온 게 아닌데. 난 더 나은 대우를 받을 자격이 있다구.
I deserve better than this.	이것은 내 기대에 못 미친다.

예제 풀기

1) 난 더 나은 대우를 받을 자격이 있다.

I deserve better.

5. You know better. 당신은 어리석지 않다[현명하다, 잘 알고 있다, 나이값을 해라].

간접표현을 사랑하는 영어에서 흔히 들을 수 있는 표현이다. 상대방이 잘 못한 일이나 해야 할 행동에 '~하지마'나 '~해라'라고 하기 보다는 아래와 같이 표현한다.

영어 표현	우리말
You're 20 now. You know better!	이제 너도 20살인데, 그러면 안되는 거 알 잖니[그런 것 정도는 해야지, 나이값을 해야지]!
That's not good. You know better.	옳지 않아요. 그 정도는 아시잖아요.
You know better than to do that.	당신은 그런 일을 할 정도로 어리석진 않잖아요.

이 표현은 단순하게 누군가가 '더 잘 알고 있다'는 의미도 전달할 수 있다.

영어 표현	우리말
He knows what's happening now better than anyone of us here.	그는 현장 소식을 여기에 있는 누구보다도 더 잘 알고 있다.

6. I want to get to know you better. 당신에 대해 더 잘 알고 싶다.

누군가를 아예 모르거나 많이 알지 못할 때 사용한다.

영어 표현	우리말
Before deciding to date, I want to get to know you better.	데이트 신청을 받아들이기 전에 당신에 대해 더 잘 알고 싶어요.

응용 예문도 익히자.

영어 표현	우리말
I want to get to know BTS better.	BTS에 대해 더 잘 알고 싶다.
You will like her when you get to know her better.	그녀를 더 잘 알게 되면 그녀를 좋아하게 될 거예요.
I got to know him better because of this incident.	이번 사건을 계기로 그를 더 잘 알게 되었다.

예제 풀기

1) BTS에 대해 더 알고 싶나요?

2) 그 사람에 대해 더 잘 알고 싶은 마음이 없다.

Do you want to get to know BTS better?

I don't want to get to know him better.

7. It's better than I expected[thought]. 기대했던 것보다[생각보다] 괜찮다.

영어 표현	우리말
"What do you think?" "Well, it's better than I expected."	"어떠세요?" "음, 생각보다 괜찮네요."
I was worried a lot. Thankfully, it was better than expected.	걱정을 많이 했었는데, 다행히도 생각보다 괜찮았다.

응용 예문도 익히자.

영어 표현	우리말
The movie was better than expected.	영화가 생각보다 괜찮았다.
His first day was better than expected.	그의 첫 날은 생각보다 좋았다.
Things were better than expected.	사정이 예상보다 괜찮았어요.

예제 풀기

1) 영화가 생각보다 좋았나요?

2) 상황이 생각보다 더 좋았나요?

Was the movie better than expected?

Were things better than expected?

8. Better than nothing. 없는 것 보다는 낫다/아예 안 하는 것 보다는 낫다

미비하지만 무언가를 하거나, 만족스럽지는 않지만 무언가를 가지고 있거나 누군가가 있음에 감사해야 함을 일깨워주는 표현이다. 물론 없는 게 나은 경우도 있겠지만! 다음의 예문을 통해서 쓰임을 익혀보자.

영어 표현	우리말
I couldn't find any KF94 masks, so I got some KF80 masks. Better than nothing!	KF94 마스크가 하나도 없어서 KF80 마스크를 좀 샀어요. 마스크 없이 지내는 것 보다는 낫지요!
"I can get only $10?" "Better than nothing."	"겨우 10달러를 받을 수 있다고요?" "돈을 하나도 못 버는 것보다는 낫죠."
It's better than nothing if you can only exercise once a week.	일주일에 한 번이라도 운동을 할 수 있다면 아예 안 하는 것보다 낫다.

9. You'd better take the subway. 지하철을 타는 게 좋겠다.

여기에서 'd는 had를 축약한 것이다. had better뒤에 동사원형이 오는 것을 기억한다.

영어 표현	우리말
You'd better take the subway because of bad traffic.	교통이 혼잡하니깐 지하철을 타는 게 좋겠다.
You'd better take the subway to get there on time.	그곳에 제시간에 도착하려면 지하철을 타는 게 좋다.
It'll be rush hour soon. You'd better take the subway.	곧 출퇴근 시간이다. 지하철을 타는 게 좋겠다.

응용 예문도 익히자.

영어 표현	우리말
You'd better put on a mask.	마스크를 쓰는 게 좋겠다.
We'd better leave now, or we'll miss the bus.	우리 지금 출발하는 게 좋겠어. 안 그럼 버스를 놓칠 거야.
You'd better see the doctor about your cough.	기침 때문에 병원에 가 보는 게 좋겠어요.

예제 풀기

1) 지금 당장 하는 것이 좋을 것이다.

You'd better do it now.

24

10. You'd better not do that again. 다신 안 그러는 게 좋을 것이다.

had better의 부정형으로 not의 위치에 주목한다.

영어 표현	우리말
That's not good. You'd better not do that again.	바람직하지 않아요. 다시는 안 그러는 게 좋겠어요.
You'd better not do that again to avoid trouble.	골칫거리를 피하기 위해 다시는 안 그러는 게 좋겠다.

응용 예문도 익히자.

영어 표현	우리말
You'd better not say that again.	다시는 그런 말 안 하는 게 좋을 것이다.
You'd better not snitch.	고자질을 안 하는 게 좋을 것이다.
You'd better not go there.	거기에 안 가는 것이 좋겠다.

11. She sings much better than I do. 그녀는 노래를 나보다 훨씬 더 잘한다.

'동사+well'은 '~을 잘한다'라는 뜻이고, well의 비교급도 better를 사용하므로 위와 같이 표현할 수 있다. 여기에서 much는 '훨씬'이라는 뜻이다. much외에 a lot, far, even을 사용할 수 있다. 다음의 예문을 익히자.

영어 표현	우리말
You drive a lot better than I do.	당신이 나보다 운전을 훨씬 더 잘해요.
He speaks English better than I do.	그는 나보다 영어를 더 잘한다.

예제 풀기

1) 당신이 나보다 춤을 잘 춘다.

2) 그는 나보다 요리를 잘 한다.

You dance better than I do.

He cooks better than I do.

12. 기타

다음의 예문을 살펴보자.

영어 표현	우리말
The more, the better.	많으면 많을수록 좋다[다다익선].
Do you have a better idea?	더 좋은 생각이 있나요?
She's far better at science than her brother.	그녀는 오빠[남동생]보다 과학을 훨씬 더 잘한다.
There's nothing better than a long soak in a hot bath.	따뜻한 목욕물 속에 몸을 푹 담그고 있는 것보다 더 좋은 것은 없다.
He's in a much better mood than usual.	그의 기분이 평상시보다 훨씬 더 좋다.

세 번째 표현은 11번 표현과 같은 의미를 나타내며 be good at표현을 기억한다면 good의 비교급인 better를 활용하여 쉽게 이해할 수 있다.

예제 풀기

1) 이보다 좋은 것은 없는 것 같다.

2) 뭐니 뭐니 해도 가족이 최고다.

3) 나에게 더 나은 생각이 있다.

4) 빠를수록 좋다.

I think there's nothing better than this.

There's nothing better than family.

I have a better idea.

The faster, the better.

05·3 best

good과 well의 최상급으로 good이나 better보다 비교적 쓰임이 많지 않은 편이다. '최고의, 제일 좋은'이라는 뜻을 명심하며 best로 활용할 수 있는 표현들을 파보자.

1. You are the best! 당신이 최고다[너가 짱이야]!

영어 표현	우리말
Thank you for your help. You are the best!	도와주셔서 감사해요. 당신이 최고예요!
You are the best! You haven't made any trouble.	네가 짱 멋지다! 어떤 문제도 일으키지 않았어.

best뒤에 명사를 넣어 콕 찍어 표현할 수 있다.

영어 표현	우리말
You're the best driver in my family.	우리 가족 중에 네가 운전을 제일 잘한다.
She's the best dresser in this class.	이 반에서 그녀가 옷을 제일 잘 입는다.
BTS is the best boy band on earth.	BTS는 지구상에서 최고의 보이 그룹이다.

예제 풀기

1) 당신이 최고는 아니다.

2) 이 반에서 옷을 제일 잘 입는 사람이 누구인가요?

You're not the best.

Who's the best dresser in this class?

2. It was the best time of my life. 내 생애 최고의 시간이었다.

누구나 과거를 돌아보면 이런 말을 할 만한 때가 있을 것이다. 나 자신에게 '언제가 당신의 인생에서 최고의 시간이었나요?'라고 물어보고 답도 해보자.

영어 표현	우리말
"When was the best time of your life?" "It was when I was a fresh man in college."	"당신의 인생에서 가장 좋았던 때는 언제였나요?" "대학교 1학년때요."
It was the best time of my life. I was young and brave.	내 생애 최고의 시간이었다. 젊었고 용감했다.

응용 표현도 익히자.

영어 표현	우리말
It was the best year of my life.	내 생애 최고의 해였다.
It was best day of my life.	내 인생에서 제일 좋은 하루였다.

3. It's the best picture I've (ever) taken! 이것은 나의 인생 사진이다[지금까지 찍은 것 중 최고다]!

영어 표현	우리말
It's the best picture I've ever taken! I look really different.	나의 인생 사진이예요! 나 같지가 않아요.
"What's the best picture you've taken?" "The Niagara Falls picture I took last year."	"당신의 인생 사진은 무엇인가요?" "작년에 찍은 나이아가라 폭포 사진이요."

응용 표현도 익히자.

영어 표현	우리말
It's the best movie I've seen recently!	최근에 내가 본 영화 중 최고다!
It's the best compliment I've ever heard.	지금까지 들어 본 찬사 중 최고다.
That's the best performance I've seen.	지금까지 보았던 것 중 최고의 공연이다.

예제 풀기

1) 지금까지 봤던 것 중 최고의 공연은 뭐죠?

2) 진은 지금까지 가르쳤던 학생 중 최고다.

What's the best performance you've ever seen?

Jin is the best student I've ever taught.

4. What's the best way to study English? 영어를 공부하는 가장 좋은 방법은 뭐죠?

영어 표현	우리말
I want to be good at English. What's the best way to study English?	영어를 잘 하고 싶어요. 영어를 공부하는 가장 좋은 방법은 뭐죠?
"What's the best way to study English?" "Keep practicing."	"영어를 공부하는 가장 좋은 방법은 뭐죠?" "쉬지 않고 연습하는 것이죠."

응용 예문도 익히자.

영어 표현	우리말
What's the best way to get to the airport from here?	여기에서 공항까지 가는 가장 좋은 방법은 뭐죠?
What's the best way to stay healthy?	건강을 지키는 가장 좋은 방법은 뭐죠?
The best way to fall asleep is reading boring books.	잠드는 가장 좋은 방법은 지루한 책을 읽는 것이다.
That's the best way to do it.	그게 제일 좋습니다.

예제 풀기

1) 빨리 잠들 수 있는 최고의 방법은 뭐죠?

2) 가장 좋은 스테이크 요리법은 뭐죠?

What's the best way to quickly fall asleep?

What's the best way to cook steak?

5. 기타

영어 표현	우리말
Which one do you like best?	어느 게 가장 좋나요[마음에 드나요]?
It's the best I can do.	여기까지가 내가 할 수 있는 최선이다.
He's the best man for the job.	그 일에는 그가 적격이다.
It's the best thing for you now.	지금으로는, 이것이 당신에게 최선이다.
I'm not the best person to ask.	물어볼 사람에게 물어봐야죠[질문에 답할 적당한 사람이 아니죠].
Do your best!	최선을 다하세요!

예제 풀기

1) 이게 제일 마음에 들어요.

2) 그 일에 누가 제일 좋을까요?

I like it the best.

Who's the best person for the job?

06·1 have/has-had-had

have는 일반 동사, 조동사(완료동사), have to 및 사역동사로 나누어 쓰임을 살펴보았다. 이제 일반 동사 have부터 파보자.

*have는 쓰임이 방대해서 제일 흔한 표현들을 일차적으로 추렸고 그 외의 표현들은 다음에 다룰 것이다.

1. I have an appointment with a doctor. 병원에 예약이 있다[병원에 예약해 놨다].

have도 마찬가지로 우리가 흔히 알고 있는 뜻인 '가지고 있다'를 잘 기억하면 좋다. '의사와 약속을 가지고 있다'는 것이므로 결국 '병원에 예약이 있다'나 '병원에 예약해 놨다'가 된다. 즉, '~가 있다'를 영어로 표현할 수 있는 방법 중 하나는 have를 사용하는 것이다. 호텔이나 티켓 예약에 사용하는 make a reservation이나 book과 혼동하지 말자.

영어 표현	우리말
I have an appointment with a doctor at 2.	2시에 병원에 예약이 있다.
I have an appointment with a doctor at 2, so I have to go now.	2시에 병원에 예약이 있어서 지금 가야해요.
Sorry, I can't make it. I have an appointment with a doctor at that time.	미안하지만 전 못 가요. 그 시간에 병원에 예약해 놨거든요.

영어에서는 개인적인 약속과 공식적인 약속을 구분해서 사용한다. 다음의 표현을 통해 익혀보자.

영어 표현	우리말
I have an appointment with a lawyer/accountant.	변호사/회계사를 만나기로 되어 있다.
I have plans with my friends.	친구를 만나기로 했다[친구와 만날 약속이 있다].
Sorry, I can't make it. I already have plans.	미안하지만 저는 못 가요. 선약이 있어요.

예제 풀기

1) (병원에) 예약하셨나요?

2) 병원 예약은 언제인가요?

3) 이번 주말에 뭐 다른 약속이 있나요?

Do you have an appointment with the doctor?

When do you have an appointment with your doctor?

Do you have any plans this coming weekend?

#관사나 소유격에 너무 연연하지 않도록 한다. 자연스러운 영어 표현이 되도록 일단 문장 엮기에 집중하고 조금 나중에 관사와 소유격에 대해 신경 써도 늦지 않다. 처음부터 관사와 소유격 모두 완벽하게 하려면 포기하기 쉽다.

2. I'm having a gathering. 모임을 할 것이다[모임이 있을 것이다].

영어 표현	우리말
I'm having a gathering this Saturday.	이번 주 토요일에 모임이 있다.
I already have plans for tomorrow. I'm having a gathering.	내일은 선약이 있어요. 모임이 있거든요.
We have a gathering once a month.	한 달에 한번씩 모임이 있다[모임을 한다].

gathering대신에 다른 단어를 넣어 여러 의미의 '있다'나 '한다'를 표현한 응용 예문도 익히자.

영어 표현	우리말
I'm having a birthday party at my place. Can you come?	집에서 생일파티를 해요. 올 수 있나요?
He has a meeting every week.	그는 매주 회의가 있다[회의를 한다].
I have a blind date tomorrow.	내일 소개팅이 있다.
How many brothers and sisters do you have?	형제가 어떻게 되나요?
I have a brother and a sister.	난 언니[여동생, 누나]와 오빠[남동생, 형]가 있다.
I have two siblings.	난 두 명의 형제가 있다.
She has a BA in English.	그녀는 영어 학사 학위가 있다[학위 소지자이다].

3. I have nothing to do with it. 난 이 일과 관련[상관]이 없다.

영어 표현	우리말
I have nothing to do with it. Trust me.	난 이 일과 아무 상관이 없어요. 정말이예요.
It's unfair! I have nothing to do with it.	억울해요! 전 이 일과 아무 관련이 없다구요.

응용 예문도 익히자.

영어 표현	우리말
Actually, I have something to do with it.	사실은 내가 그 일과 관련이 있어요.
His job has something to do with computers.	그의 직업은 컴퓨터와 관련이 있다.
Hard work has a lot to do with her success.	그녀가 성공한 것은 열심히 노력한 덕이 크다.

4. I have a part-time job. 난 아르바이트를 한다.

영어 표현	우리말
I have a part-time job from 12 to 4.	12시부터 4시까지 알바를 해요.
I have a part-time job to save some money.	돈을 좀 모으기 위해 알바를 해요.
I have a part-time job to save some money for a rainy day.	비상시를 대비하는[만일의 경우를 위한, 훗날을 위한] 돈을 모으기 위해 알바를 해요.
I have a part-time job so I don't have enough time to hang out with my friends.	알바를 하고 있어서 친구들과 놀 시간이 충분하지 않아요.

part-time대신에 full-time을 넣으면 '난 정규직원이다[전업이 있다, 정규직이 있다]'는 의미가 된다.

예제 풀기

1) 알바를 하나요?

Do you have a part-time job?

5. I had cereal. 난 시리얼을 먹었다.

영어 표현	우리말
I had cereal for breakfast.	아침으로 시리얼을 먹었다.
I had cereal for breakfast to save time.	시간을 아끼기 위해서 아침에 시리얼을 먹었다.
I usually have cereal for breakfast because it's easy to prepare.	준비가 편리해서 아침에 주로 시리얼을 먹는다.

응용 예제도 익히자.

영어 표현	우리말
I had pizza for dinner yesterday.	어제 저녁으로 피자를 먹었다.
I usually have a light dinner.	보통 저녁은 가볍게 먹는다.
I didn't have breakfast today so I feel weak.	오늘 아침을 먹지 못해서 기운이 없다.
Can I have a drink with you?	술 한잔 할 수 있을까요?

이 표현과 관련된 의문사 의문문도 익히자.

영어 표현	우리말
What did you have for breakfast?	아침에 무엇을 먹었나요?
When did you have breakfast?	아침은 언제 먹었나요?
Where are we having dinner today?	오늘 어디에서 저녁을 먹을 건가요?
Who did you have lunch with?	누구와 점심을 먹었나요?

예제 풀기

1) 어제 저녁으로 무엇을 먹었나요?

2) 아침을 많이 먹었더니 배가 하나도 안 고파요.

3) 점심은 언제 먹었나요?

What did you have for dinner yesterday?

I had a big breakfast, so I'm not hungry.

When did you have lunch?

6. Let me have a look. 제가 한 번 볼게요.

'살펴보다'의 의미로 이해하면 된다. 다음의 예문을 익히자.

영어 표현	우리말
"It's interesting." "Let me have a look."	"이거 흥미로운데요." "제가 한 번 볼게요."
Here! Have a look at this.	여기, 이것 한번 봐 보세요.

예제 풀기

1) 이것 한번 봐 주시겠어요?

Can you have a look at it?

7. I had fun. 재미 있었다[즐거웠다, 즐거운 시간을 보냈다].

fun대신에 a good time을 넣을 수 있는데, 많은 분들이 이 표현에 더 익숙할 것이다. 다음의 예문을 익히자.

영어 표현	우리말
"How was the party?" "I had fun. It was really good."	"파티는 어땠나요?" "즐거웠어요. 아주 훌륭한 파티였어요."
I'm having fun[a good time].	난 재미있는 시간을 보내고 있다. 난 즐거운 시간을 보내고 있다.
Did you have fun?	재미있었나요?
Have fun!	즐거운 시간 보내세요!

예제 풀기

1) 즐거운 시간을 보내고 있나요[재미있나요]?

Are you having fun?

8. I have time to hang out with my friends. 친구들과 놀 시간이 된다[있다].

영어 표현	우리말
I have time to hang out with my friends this weekend.	이번 주말에는 친구들과 어울릴 시간이 있다.
I was super busy last weekend, but I have time to hang out with my friends this weekend.	저번 주말에는 무척 바빴지만, 이번 주말에는 친구들과 어울릴 시간을 낼 수 있다.
I have time to hang out with my friends this weekend. We're planning on watching a movie.	이번 주말에는 친구들과 어울릴 시간이 있다. 우리는 영화를 보러 갈 생각이다.
I don't have time to hang out with my friends.	친구들과 놀러다닐 시간이 없다.

응용 예문도 익히자.

영어 표현	우리말
I have time for lunch with you.	당신과 점심 할 시간이 된다.
I don't have time to relax.	(일이 많아서)쉴 시간이 없다[딴 짓 할 틈도 없다].
I only have time for coffee.	커피 마실 시간 밖에 없다.

예제 풀기

1) 저와 점심 할 시간이 있나요?

2) 커피 마실 시간도 없다.

3) 너무 바빠서 밥 먹을 시간이 없었다.

Do you have time for lunch with me?

I don't even have time for coffee.

I was so busy that I didn't have time for lunch.

9. I have an upset stomach[a stomachache]. 배탈이 났어요[체했어요, 배가 아파요].

캐나다에서 온 친구와 어울릴 때마다 들었던 표현이다. 덕분에 자동으로 외울 수 있어서 좋았는데... 지금도 그리운 친구이다.

영어 표현	우리말
I won't be able to make it for tomorrow. I have an upset stomach.	내일 못 갈 것 같아요. 체했거든요.
I have an upset stomach. I need to get some rest.	배탈이 나서 좀 누워야 겠어요.

upset stomach대신에 다른 질병 단어를 넣어 더 많은 증상을 표현할 수 있다.

영어 표현	우리말
I have a bad headache.	두통이 심하다.
I don't have a cold.	전 감기에 걸리지 않았어요.
My son has a fever.	제 아들이 열이 있어요[열이 나요].
You have a cough, too.	기침도 하네요.

응용 예문에 언급되지 않은 다른 질병 단어들도 짚어보고 가자.

flu(독감), stomachache(복통), toothache(치통), cramps(생리통), cancer(암)

10. I have straight hair. 나는 생머리이다.

외모를 표현할 때에도 have를 사용하여 말을 할 수 있다.

영어 표현	우리말
I have straight hair. I'm sometimes jealous of others' curly hair.	난 생머리이다. 이따금 곱슬머리인 사람들이 부럽다.
I have straight hair and usually get a wavy perm.	난 생머리라서 주로 웨이브 파마를 한다.

응용 예문도 익히자.

영어 표현	우리말
She has curly and brown hair.	그녀는 갈색 곱슬머리이다.
He has blond hair.	그의 머리는 금발이다.
He has different colored eyes. One is blue and the other is green.	그 사람은 한 쪽 눈은 파란색이고 다른 쪽 눈은 초록색이다.
She has a big mouth.	그녀는 입이 크다/그녀는 입이 가볍다[싸다].

'She has a big mouth.'는 '그녀는 입이 크다'라는 뜻도 되지만, '입이 가볍다/싸다'라는 의미도 포함한다. 동서양을 막론하고 입이 가벼운 사람에게는 여러말을 하지 않는 것이 상책이다. 영화에서 '비밀을 지키라'는 의미로 손을 입에 대고 지퍼로 잠그는 행동을 하는 것을 본 적이 있을 것이다. 실제로 영어 표현에 'Zip your lip.'가 있다. 당연히 뜻은 '비밀을 지켜라'라는 뜻이다.

11. I have difficulty[trouble] mingling with people. 난 사람들과 어울리는 것이 힘들다.

'have difficulty 동사+ing'의 형태로 '~하는 데 어려움이 있다, 힘들다'의 뜻이다. 이 표현을 외우기 힘들면, "Mingling with people is difficult (for me)."라고 해도 된다. 하지만 외워두면 여러모로 유용하게 활용할 수 있다.

영어 표현	우리말
I have difficulty mingling with people, so I often skip parties.	사람들과 어울리는 것을 힘들어 해서 모임에 잘 안 나간다.
I'm a shy person, and I have difficulty mingling with people.	수줍음을 타는 성격이라 사람들과 어울리는 것이 힘들다.

응용 예문도 익히자.

영어 표현	우리말
I have difficulty sleeping at night.	밤에 잠을 잘 못 잔다.
I have difficulty waking up my kids every morning.	매일 아침 아이들을 깨우는 것이 어렵다.
I had difficulty staying awake.	난 (자꾸 졸려서) 깨어 있는 게 힘들었다.

예제 풀기

1) 밤에 잠을 자는 게 힘든가요?

2) 깨어 있는 게 힘들었나요?

Do you have difficulty sleeping at night?

Did you have difficulty staying awake?

12. Can I have your business card? 명함 한 장 주시겠어요?

영어 표현	우리말
Nice to meet you. Can I have your business card?	만나서 반갑습니다. 명함 한 장 주시겠어요?
Let me call you to talk about it more. Can I have your business card?	전화상에서 그것에 대해 좀더 얘기를 합시다. 명함 한 장 주시겠어요?

have가 우리말로 어떻게 옮겨지는지 유의하면서 응용 예문도 익히자.

영어 표현	우리말
Can I have your name?	성함[이름]이 어떻게 되시죠?
Can I have your email account?	이메일 주소를 알려주시겠어요?

예제 풀기

1) 물 좀 한잔 주시겠어요?

Can I have some water?

13. 기타 표현

다음의 기타 표현을 익히자.

영어 표현	우리말
We have good chemistry.	우리는 잘 맞는다[통하는 데가 있다, 케미 돋는다].
We had some friends over for dinner last night.	우리는 어젯밤에 친구들을 집으로 초대해서 저녁을 대접했다.
I have a lot in common with him.	난 그와 공통점이 많다.
We have a lot in common.	우리는 공통점이 많다.
She's having a baby soon.	그녀가 곧 아기를 낳을[출산을 할] 것이다.

예제 풀기

1) 우리는 공통점이 없어요.

2) 출산 예정일이 언제인가요?

We don't have a lot in common.

When are you having the baby?

06·2 조동사(완료동사) have+동사pp

have+동사pp문형에는 네 가지 의미가 있지만 이 책에서는 그 중 두 가지만 다룬다. 일
단 현재까지 지속되는 상황이나 동작을 나타내는 문형에는 'for+명사(구)', 'since+명사
(구)', 또는 'since+절'이 이어진다.

1. How long have you been here? 이곳[여기]에 온지 얼마나 되었나요?

우리나라에서 외국인을 만나면 늘 물어보는 질문 중 하나이다. 물론 다른 상황에서도 사
용될 수 있다. 예문에서 확인하자.

영어 표현	우리말
"How long have you been here in Korea?" "I've been in Korea for a year."	"한국에 온지 얼마나 됐죠?" "한국에 온지 일 년이 되었어요."
"I'm sorry. I'm late. How long have you been here?" "It's ok. Not that long."	"늦어서 미안해요. 언제 왔나요[얼마나 기다렸나요]?" "괜찮아요. 저도 방금 왔어요."

응용 예문도 익히자.

영어 표현	우리말
I've been sick since last week.	지난 주부터 몸이 아프다.
I've been unemployed for over two years.	2년 넘게 백수이다.
I've been tired since I gave birth.	출산 이후 계속 피곤하다.
I've been working out for a month.	운동 시작한 지 한 달이 되었다.
I've been married for 3 years.	결혼한지 3년 되었다.
We've known each other for more than 10 years.	우리는 서로 알고 지낸지 10년이 넘었다.

영어 표현	우리말
I've lived here for 7 years.	여기에 산지 7년이 되었다.
I haven't seen you in years.	꽤 오랫동안 만나지 못했다.

예제 풀기

1) 결혼한지 얼마나 되었나요?

2) 서로 알고 지낸지 얼마나 되었나요?

3) 여기에 산지 얼마나 되었나요?

How long have you been married?

How long have you known each other?

How long have you lived here?

2. I've been there. 그곳에 가본 적이 있다/그런 경험을 해본 적이 있다.

'특정 장소에 실제로 가 보았다'는 의미도 되지만, '특정 상황에 처한적이 있다'는 의미도 되어, 안 좋은 상황을 겪고 있는 사람에게 위로의 말로 흔히 사용할 수 있는 유용한 표현 이다.

영어 표현	우리말
I know how you feel. I've been there.	당신 기분이 어떤지 알아요. 나도 같은 경험이 있어요.
Have you been there? It's a really good place.	그곳에 가보았나요? 정말 좋은 곳이죠.

응용 예문도 익히자.

영어 표현	우리말
I've been to many other countries.	여러 다른 나라에 가본 적이 있다.
I've been to that restaurant.	저 식당에 가본 적이 있다.
I've been to Europe.	유럽에 가본 적이 있다.
I've blacked out before.	난 필름이 끊긴적이 있다.
Have you (ever) eaten Kimchi?	김치를 먹어본 적 있나요?
I've met him/her before.	전에 그 분을 만나본 적이 있다.
I've watched several BTS videos.	BTS의 뮤직비디오를 본적이 있다.

예제 풀기

1) 다른 나라에 가본 적이 있나요?

2) 난 베트남 레스토랑에는 가본 적이 없다.

3) 불고기를 먹어본 적 있나요?

Have you ever been to any other countries?

I've never been to a Vietnamese restaurant.

Have you ever eaten bulgogi?

3. 기타 표현

영어 표현	우리말
He's gone.	갔다[가 버렸다](지금 이곳에 없다)
It's the best picture I've (ever) taken.	이것은 지금까지 찍은 것 중 최고다[나의 인생 사진이다].
Where have you been?	어디에 갔다 왔나요?/어디에 있다가 온건가요?

예제 풀기

1) 그는 내가 아는 사람 중에서 가장 부지런한 사람이다.

He's the hardest working person I've ever known.

06·3 have to 동사원형

'~해야 한다'는 의미로 must와 같은 의미이다. 예문을 살펴보자.

영어 표현	우리말
I have to go.	전 가야 해요./(전화를) 끊어야 해요.
You don't have to knock-just come in.	노크할 필요 없어요. 그냥 들어와요.
You simply have to get a new job.	당신은 그저 새 직장을 구해야 해요.
Do you have to hum so loudly?	넌 꼭 그렇게 크게 콧노래를 불러야겠니?
I have to do something.	무언가를 해야만 한다.

두 번째 예문에서 have to문형을 부정문으로 바꾸면 '~하면 안된다'가 아니라 '~할 필요가 없다'는 의미가 된다. 참고로 '~하면 안된다'는 must not을 사용한다.

예제 풀기

1) 당신은 지금 갈 필요 없어요.

2) 제가 그것을 꼭 해야 하나요?

You don't have to go now.

Do I have to do it?

06·4 사역동사 have

사역동사 have 뒤에는 동사원형과 동사pp 형태가 온다. 예문으로 살펴보자.

영어 표현	우리말
I have my kids clean their rooms.	아이들이 자신들의 방을 청소하게 한다.
Have him come early.	그를 일찍 오게 해라.
I'll have him call you as soon as he's available.	일이 끝나는 대로 그가 전화를 걸도록 시킬게요.
We're having our car repaired.	우리 차는 수리 중이다.
I had my picture taken for my passport.	오늘 여권용 사진을 찍었다.

have뒤에 있는 명사와 동사의 관계가 능동인지 수동인지에 따라 동사원형이나 동사pp를 사용하게 된다.

예제 풀기

1) 아이들이 자신들의 방을 청소하게 시키나요?

2) 내 스마트폰은 수리 중이다.

Do you have your kids clean their rooms?

I'm having my smart phone repaired.

영어 단어 파먹기 good, have_step1

초판 1쇄 발행

지은이_ 손영숙
펴낸이_ 김동명
펴낸곳_ 도서출판 창조와 지식
디자인_ (주)북모아
인쇄처_ (주)북모아

출판등록번호_ 제2018-000027호
주소_ 서울특별시 강북구 덕릉로 144
전화_ 1644-1814
팩스_ 02-2275-8577

ISBN 979-11-6003-228-4 (13740)

정가 7,500원